AF402713

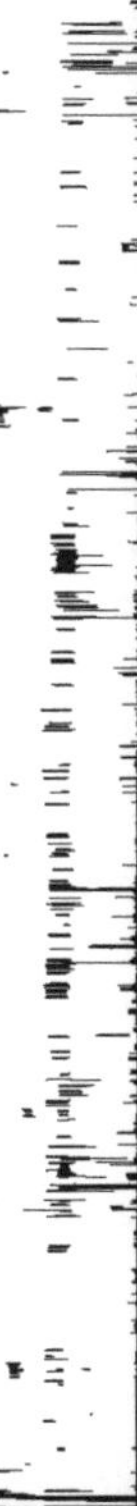

LE CHEVALIER DESGRAVIERS

A LA COUR DE CASSATION.

LE
CHEVALIER DESGRAVIERS
A LA COUR DE CASSATION.

Deux nouveaux écrits viennent d'être publiés par la liste civile.

S'ils avaient pour objet de répondre aux moyens légaux développés dans la dernière consultation que j'ai produite, et de rendre quelque vie au système qu'elle a battu en ruine, ou j'aurais gardé le silence, ou j'aurais prié les honorables jurisconsultes qui me prêtent leur appui, de combattre des sophismes qui ne seraient point de ma compétence.

Mais on s'est moins proposé de réfuter la consultation que de la calomnier; on a voulu attaquer les personnes plutôt que répondre aux objections.

Ainsi, dans l'un des écrits de la liste civile, on appelle mes conseils *les directeurs du procès Desgraviers*, voulant frapper d'un même coup le client et les défenseurs en présentant celui-là comme un instrument qu'on fait mouvoir, et ceux-ci comme des hommes qui provoquent et recherchent du bruit et du scandale.

Dans l'autre, on traite de pamphlet une consultation où les questions du procès sont discutées avec calme et convenance ; on prétend qu'elle a pour objet de soulever les passions; qu'elle est in-jurieuse au ministre du Roi, à Sa Majesté elle-même, et, qui pis est, à messieurs du comité du contentieux. Dans l'ardeur des incriminations, on accuse non-seulement l'esprit et le style, mais (qui le croirait !) jusqu'au *format* de ma défense (1). Enfin, pour que tout soit empoisonné, on traite d'invocation *impie* l'invocation faite à l'honneur, à la conscience et à la loyauté du monarque !

Cette tactique injurieuse, ces déclamations ac-cusatrices ne sont pas nouvelles dans la cause, et j'aurais dédaigné d'y répondre si je n'avais éprouvé le besoin d'éviter jusqu'au soupçon d'une inconve-nance de ma part dans une cause de cette nature.

On reproche à la consultation d'être injurieuse au *ministre de la maison du Roi !*... Son excellence y est à peine nommée ; on ne lui impute aucun fait personnel, ni directement ni indirectement. Où donc serait l'injure? Les défenseurs de la liste au-raient-ils voulu seulement, par cette extrême sus-ceptibilité, prouver leur zèle pour leur chef ès-noms et qualités qu'il procède?

Sont-ils mieux fondés quand ils disent que la

______

(1) La consultation a été imprimée dans le format *in-8°*, parce que le procès ayant été imprimé dans ce format, on a voulu qu'elle pût s'y joindre, pour compléter la collec-tion. Voilà la réponse à cette puérilité.

consultation offense la personne même de Sa Majesté ? A Dieu ne plaise ! — Dans la dernière consultation, comme dans tous les écrits qui l'ont précédée pour ma défense, le respect dû à la majesté royale est observé. Partout on regrette que le Roi ne puisse descendre personnellement à l'examen et au jugement de ses intérêts privés ; partout on impute au zèle excessif de ses gens d'affaires les obstacles qu'ont rencontrés mes justes réclamations. Mais les membres du comité du contentieux veulent aussi se couvrir de l'inviolabilité du monarque, et devenir invulnérables comme lui.

Quoi qu'il en soit, je ne cesserai de le penser et de le dire, comme Français, comme sujet, et pour l'honneur même de mon Roi, je ne crois pas que la résistance à ma demande parte d'une région si élevée ; elle vient *d'en bas*, et si j'avais pu en douter un instant, l'amertume des derniers écrits, l'impatience avec laquelle on souffre les réfutations, l'irritabilité qu'excite et que développe une défense légitime, tout me prouverait que j'ai à lutter contre quelques amours-propres qui pensent moins à soutenir les intérêts du Roi, qu'à défendre leur ouvrage et à déployer du zèle.

Ici je ne nomme et n'accuse personne en particulier. Mais je puis invoquer le témoignage des faits ; les actes parleront pour moi. On verra de quel côté l'on a voulu soulever les passions ; on verra qui fut loyal et modéré dans ses moyens.

Je compte soixante-treize ans d'une vie que je puis livrer à la critique de mes adversaires. Elle est à l'abri de tout reproche et peut faire la censure de beaucoup d'autres.

Attaché au prince de Conti, je lui suis demeuré fidèle dans l'une et l'autre fortune. Ce fut entre nous *à la vie et à la mort*.

Il m'a légué le soin de recueillir les débris de sa fortune dispersés par la tourmente révolutionnaire, et de les employer à satisfaire à tous ses engagemens. L'exécution de ce mandat testamentaire est un devoir sacré que j'ai rempli jusqu'à ce jour, autant qu'il était en moi. Le reste de ma carrière sera destiné à le remplir encore. C'est désormais, comme l'a dit mon défenseur devant la Cour royale, *l'œuvre de ma vieillesse*.

Un immeuble d'une haute valeur avait été vendu au prince, qui depuis est monté sur le trône. Le prix n'en avait point été payé. C'était une créance qu'il ne m'était pas permis d'abandonner.

Après avoir pris, sur mes droits, les conseils de la science et de la droiture, auprès de jurisconsultes qui sont en possession de l'estime générale, je suis entré en réclamation.

C'est les calomnier, c'est me calomnier moi-même, de donner à entendre qu'ils m'ont lancé, pour ainsi dire malgré moi, dans l'arène judiciaire. Avant d'agir, j'ai dû les consulter. Consultés par moi, ils ont dû me répondre dans leur ame et conscience, et leur réponse a dû être ma règle de conduite.

Je n'ai point commencé par livrer ma cause à l'éclat des débats publics. Sentant les devoirs que m'imposait la dignité de mon adversaire, j'ai réclamé pendant *cinq ans entiers* par la voie respectueuse des placets, des pétitions et des requêtes. J'ai consenti à descendre au rôle de *solliciteur*, là où j'avais le droit de réclamer en *créancier* un paiement qui m'était dû.

Mais après cinq ans de tentatives inutiles de ma part, de silence ou de refus de la part du fisc ou de la liste civile, ma patience s'est lassée ; je me suis écrié qu'il y avait des juges à Paris, j'ai porté au temple de la justice une prière qui mourait dans les bureaux.

A peine ma demande était formée, que pour ameuter contre moi l'esprit de parti et discréditer à l'avance la plus juste des causes, on annonça publiquement que M. le chevalier Desgraviers se proposait de ne défendre sa cause qu'avec les *lois révolutionnaires*.

Je fus bien vengé, et la méchanceté fut bien confondue. Ce fut au nom du Roi qu'on invoqua contre moi un décret de 1793, et ce fut au nom du Roi et pour l'honneur même de la couronne, que mon défenseur en rejeta l'autorité (1).

---

(1) Voyez le plaidoyer devant le tribunal de première instance, page 43.

Pendant tout le cours du procès, on déchaîna contre mes conseils et contre moi la tourbe des pamphlétaires ; et les débats judiciaires eux-mêmes s'écartèrent de la modération et du calme qui en font toujours la dignité.

On chercha à jeter des doutes sur la pureté de mes principes et de ma conduite politique; on a voulu *contrister mes cheveux blancs* (1) ; mon avocat a été obligé de réfuter ces insinuations que je ne veux point qualifier.

Mais il a été lui-même en butte à des attaques plus directes et plus injurieuses. Après lui avoir reproché ce qu'on appelait des *déclamations*, de la *rhétorique hors de saison;* après avoir semé les épigrammes contre sa personne ou son talent , M. l'avocat-général , membre appointé du conseil de la liste civile , a été jusqu'à l'accuser dans une dernière réplique (où la certitude d'avoir le dernier mot rassurait l'orateur), de se livrer à des mouvemens d'*hilarité révolutionnaire !....* de chercher à réveiller *les souvenirs et les passions de* 1793 !.... Sans doute les murmures des auditeurs , l'estime publique et les suffrages de la Cour, ont vengé celui qu'on outrageait ainsi! Sans doute il n'a pas besoin que je repousse de pareilles agressions ! mais la reconnaissance toute seule me faisait une loi d'exprimer ici une partie de ma pensée. Je re-

---

(1) Expression de mon avocat dans sa réplique devant la Cour, page 5.

grette seulement de ne pouvoir employer que des armes émoussées par les convenances!

Enfin, et nonobstant clameur de haro, la Cour royale de Paris m'a rendu justice. Un arrêt qui a fait revivre parmi nous les plus beaux jours de la magistrature française, a reconnu, proclamé mes droits.

Respectueux, après comme avant la victoire, j'écrivis à Sa Majesté *que je remettais mon sort entre ses mains........* La liste civile répondit par un pourvoi en cassation.

La consultation dit que ce pourvoi n'était pas digne de la grandeur royale..., mille voix l'avaient dit auparavant, et le disent encore; non que le reproche s'adresse au monarque, mais bien à ses conseillers. Eux seuls ont fait la faute, eux seuls ont encouru le reproche.

C'est eux aussi qui ont dit que la Cour royale de Paris s'était perdue dans un *imbroglio* qu'il lui serait difficile d'éclairer; qui ont accusé même la pureté de ses intentions. Et quand on relève ces irrévérences, ils croient avoir donné un démenti, en citant quelques phrases où la Cour royale est traitée avec plus d'égards et de considération; comme si ces phrases pouvaient effacer la légèreté des autres passages !

Enfin on calomnie ma défense devant la Cour suprême, comme on l'a fait dans les autres juridictions.

Les écrits que j'ai produits ne sont pas de vaines déclamations; on y parle le langage des lois; on invoque les autorités les plus graves. L'histoire, le droit public, le droit civil, l'équité, voilà les sources où l'on a puisé largement les moyens de ma cause. On n'oublie jamais la gravité des questions ni la dignité des personnes. Le Roi est partout honoré; partout les principes sont respectés, les magistrats traités avec une noble considération; et cependant la liste civile m'accuse d'avoir manqué de respect au Roi, à son ministre, aux magistrats! Elle m'accuse d'avoir voulu soulever les passions!... J'ai raconté les faits; j'ai dit ma conduite et celle de mes adversaires. J'en appelle à tout homme impartial : qui a spéculé sur les passions ? qui s'est tenu dans les bornes de la décence et de la modération ?

Cependant, pour couronner l'œuvre, les conseils de la liste civile ont requis indirectement la suppression des écrits publiés pour ma défense : comme si la Cour de cassation devait épouser leurs ressentimens et venger leur amour-propre! Mais, il faut le dire, un reste de pudeur leur a fait supprimer et remplacer par des points cette partie de leur réponse. Ils n'ont point osé imprimer ce qu'ils ont osé requérir! Ils se sont jugés eux-mêmes.

Ils espèrent sans doute abattre ou décourager mes défenseurs : mais ils se trompent. Leur générosité ne m'abandonnera point ; leurs lumières me soutiendront encore...... ou plutôt je n'aurai bientôt plus besoin de leurs secours. La Cour de cassation rejettera un pourvoi que les lois désavouent et que la justice réprouve ; Elle accroîtra sa gloire et rehaussera sa dignité par un arrêt digne d'Elle.

Paris, le 26 janvier 1822.

LE CHER DESGRAVIERS.

NOTE.

NOTE.

Je me borne à ces explications : je me les devais à moi-même. et je les devais à ceux qui m'ont prêté leur appui. Aucun nouvel argument n'ayant été produit, je n'ai pas de nouvelle réponse à faire. Ces messieurs se bornent en effet à imprimer que leurs œuvres *ont le sentiment de leur puissance,* et à renvoyer à leurs précédens écrits, en sorte que la nouvelle réponse n'est qu'une table des matières.

Un seul fait mérite d'être relevé. M. l'avocat-général prétend qu'il n'a jamais renoncé à faire usage du décret du 16 juin 1793. Il en appelle aux trois cents auditeurs présens à l'audience ; et moi aussi j'en appelle à ces auditeurs et à la Cour !

Je n'ajoute qu'un mot. M. l'avocat-général dit qu'il a parlé de ce décret *avec indignation,* et avec un *profond mépris pour l'affreuse autorité qui l'a rendu.* Ainsi voilà le titre qu'on invoque au nom du Roi ! un décret dont on ne peut parler qu'avec *indignation !* un décret émané d'une *affreuse autorité,* pour laquelle on professe un *profond mépris......* O fisc ! ò fisc !